中国篮协E级教练员培训指定用书

小篮球规则
（2023）

中国篮球协会　审定

北京体育大学出版社

策划编辑：赵海宁
责任编辑：李光源
责任校对：郝　彤
版式设计：谭德毅

图书在版编目（CIP）数据

小篮球规则. 2023 / 中国篮球协会审定. –– 北京：
北京体育大学出版社, 2023.8
　ISBN 978–7–5644–3828–9

　Ⅰ. ①小… Ⅱ. ①中… Ⅲ. ①篮球运动－竞赛规则
Ⅳ. ①G841.4

　中国国家版本馆CIP数据核字（2023）第081224号

小篮球规则（2023）
XIAOLANQIU GUIZE（2023）

中国篮球协会　审定

出版发行：	北京体育大学出版社	
地　　址：	北京市海淀区农大南路1号院2号楼2层办公B–212	
邮　　编：	100084	
网　　址：	http://cbs.bsu.edu.cn	
发 行 部：	010–62989320	
邮 购 部：	北京体育大学出版社读者服务部 010–62989432	
印　　刷：	北京瑞禾彩色印刷有限公司	
开　　本：	710mm×1000mm　1/16	
成品尺寸：	170mm×228mm	
印　　张：	4.5	
字　　数：	69千字	
版　　次：	2023年8月第1版	
印　　次：	2023年8月第1次印刷	
定　　价：	28.00元	

前言

▎ 小篮球运动的宗旨

　　为了开发适合孩子们的小篮球比赛，我们修改了适用于成人的篮球比赛规则，以适应孩子们的参赛需要。其宗旨是：改变成人比赛的规则以适合孩子们的身心发展。

　　小篮球运动旨在为不同年龄、不同能力的孩子提供运动机会，丰富他们的运动体验，提高他们参与篮球运动的热情。

　　对大多数孩子来说，成人篮球比赛中使用的篮球过大，球篮过高。因而，在小篮球比赛中，我们缩小了篮球的尺寸，降低了球篮的高度。篮球比赛中的许多特定规则，在小篮球比赛中也被简化到了最低程度。

　　在孩子们学习篮球技术、参与比赛的过程中，教师或教练员有责任向孩子们介绍适合他们年龄阶段的篮球规则与比赛常识。

▎ 为此，比赛可以分为以下不同层次：

（1）一对一或二对二：在一个简易但安全的比赛场地，即使只有一个安装在外墙上的球篮，也可以开展比赛。

（2）三对三、四对四的练习或比赛：在学校操场或体育馆。

（3）两个学校或俱乐部球队之间在体育馆比赛。

（4）当地的或区域性的比赛：包括来自不同地区的多支球队。

▎当孩子们准备好时，适用于比赛的小篮球规则，将按照以下基本规则展开：

（1）为了获得比赛的胜利，必须比对手获得更多的投篮得分。

（2）保持自己和球始终在球场之内（队员出界和球出界规则）。

（3）不能持球走或跑，因此，为了带球在球场上移动，必须运球（带球走规则）。

（4）不能双手同时运球或持球后再次运球（非法运球）。

（5）不能有不正当的身体接触（侵人犯规）。

　　小篮球规则适用于参与具有一定水平或高水平的小篮球运动的球队。

注 意

　　在《小篮球规则（2023）》中，所有提及的队员、教练员、裁判员等均用男性示意，但也同样适用于女性，这样做只是为了便于理解。

　　《小篮球规则（2023）》中未提及的所有情况，裁判员可依据中国篮球协会审定的最新版《篮球规则》执行。

目录

第1部分　小篮球一般规则

第 2 部分　小篮球四对四比赛规则

第 3 部分　小篮球半场三对三比赛规则

第 4 部分　小篮球人盯人防守实施规范

附录

第 **1** 部分

小·篮球一般规则

第 1 章　比赛

第 1 条　小篮球比赛的定义

　　小篮球比赛应是比赛开始当年周岁年龄 12 岁及以下的男孩或女孩参加的比赛，也可以是男孩和女孩一同混合编组参加的比赛。

　　小篮球比赛由 2 支球队参加，每支球队的目标是将球投入对方球篮得分，并且阻止对方球队得分。

第 2 章　场地和器材

第 2 条　球场尺寸

　　（1）球场的地面应平整、坚实、无障碍物。

　　（2）球场尺寸可以根据当地设施而调整，标准的比赛场地长 28 米、宽 15 米（图 1）。

　　（3）球场尺寸可以根据场地实际情况按比例缩减，在长 26 米、宽 14 米到长 12 米、宽 7 米的范围内按相同比例（长缩短 2 米，对应的宽缩短 1 米）变化。

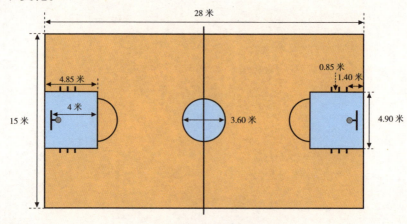

图 1　小篮球场地尺寸图

第3条 线

（1）小篮球场地画法依照图 1。

（2）罚球线距篮板 4 米。

（3）没有 3 分投篮区域。

（4）界线的长边叫作"边线"，短边叫作"端线"。

（5）所有的场地线必须宽 5 厘米并且清晰可见。

第4条 器材

1. 篮板

篮板要安装在支撑构架上。每块篮板应由表面平整且坚硬的木材或适宜的透明材料制成。篮板尺寸说明见图 2，也可以使用标准的成人篮板。篮板上的所有线条宽度应为 5 厘米。

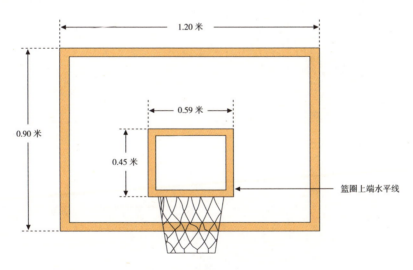

图 2　小篮球篮板尺寸图

2. 球篮

球篮由篮圈和篮网构成。每个球篮要符合以下规格：

（1）11 ~ 12 岁，篮圈距离地面 2.75 米［图 3（a）］。

（1）9 ~ 10 岁，篮圈距离地面 2.60 米［图 3（b）］。

（1）7 ~ 8 岁，篮圈距离地面 2.35 米［图 3（c）］。

幼儿园的孩子可以采用更低的球篮（1.80 米以下）。

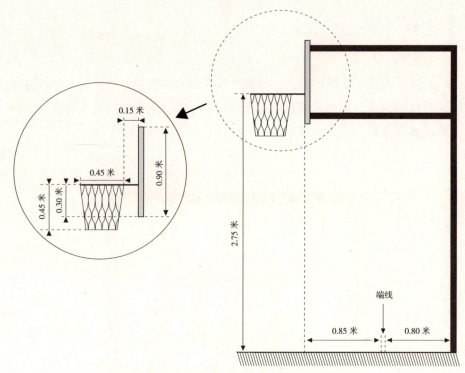

（a）适用于 11 ~ 12 岁

图 3　小篮球篮架及球篮尺寸图

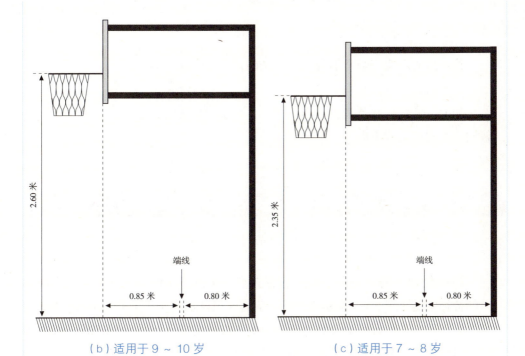

（b）适用于 9 ～ 10 岁　　　　　　（c）适用于 7 ～ 8 岁

图 3　小篮球篮架及球篮尺寸图（续）

3. 篮球

小篮球与成人篮球的设计类似。

（1）9 ～ 12 岁的孩子应使用 5 号球，球周长为 69 ～ 71 厘米并且重量在 470 ～ 500 克。

（2）8 岁及以下的孩子应使用 4 号球，球周长为 62 ～ 66 厘米并且重量在 430 ～ 460 克；5 号球亦可。

4. 比赛计时钟

用于计量每节比赛时间和每节之间的休息时间。

5. 记录表

记录表填写方法和样式参见"附录 A　记录表"。

6. 队员个人犯规指示牌

牌上标有 1 ～ 5 的数字。

7. 1 个响亮的信号装置

其发出的声响应当足够强，在嘈杂的情况下也能容易听到。

8. 交替拥有指示箭头

其为白色背景红色箭头。当裁判员宣判跳球情况时，指示拥有下一次交替拥有球权的进攻方向。

第 3 章　球队

第 5 条　队员和替补队员

　　每队由 12 名球队成员组成，包括 5 名场上队员（图 4）和 7 名球队席上的替补队员（图 5）。比赛中，每队应有 5 名队员在场上并且可以被替换。

　　比赛开始前，球队必须保证至少 10 名队员到场。在比赛预定的开始时间 10 分钟后，仍不足 10 名队员到场的一队，按照弃权处理。

　　在比赛时间内，1 名有资格参赛的球队成员：当他在比赛场地上，身份是 1 名队员；当他未在比赛场地上，身份是 1 名替补队员。

　　每队必须有 1 名教练员和 1 名队长，队长可以由其中 1 名队员担任。

图 4　场上队员

图 5　球队席上的替补队员（部分）和教练员

第 6 条 　服装

所有球队成员应穿相同颜色的球衣，球衣前后应有号码。球衣号码最多为两位数字（图 6）。

图 6 　服装

第 7 条 　教练员

教练员是球队的领导者，他应在球场边，以冷静、沉着、礼貌和友好的态度向队员们提供建议和指导，并负责队员的替换（图 7）。

队长可协助教练员的工作。队长可以是球队中的 1 名队员。

比赛前，教练员要向记录员提供参赛队员的姓名和球衣号码。

在 7～10 岁孩子的比赛中，没有可登记的暂停。在 11～12 岁孩子的比赛中，上、下半时分别有 1 次可登记的暂停，时长 30 秒。

小篮球比赛中不允许区域防守（人盯人防守是小篮球比赛中唯一的防守方式）。

图 7 　教练员

第4章　比赛通则

第8条　比赛时间

比赛由 2 个半时组成。

（1）11 ~ 12 岁：每半时 12 分钟，半时之间休息 5 分钟。每半时分为 2 节，每节 6 分钟，节间休息 1 分钟。

（2）10 岁及 10 岁以下：每半时 10 分钟，半时之间休息 5 分钟。每半时分为 2 节，每节 5 分钟，节间休息 1 分钟。

基层比赛如果没有正规的比赛计时钟，可采用每节 10 分钟、以比赛中不停计时钟的方式进行。

教学比赛（便于体育课开展）由 2 节组成，每节 10 分钟，2 节中间休息 2 分钟。

比赛时间由计时员控制。

第9条　比赛开始

每场比赛自中圈跳球开始。裁判员在 2 名互为对方的跳球队员之间将球抛起。当球被 1 名跳球队员合法拍击时，比赛计时开始。

按照交替拥有的原则，除第 1 节比赛在中圈跳球外，第 2、第 3、第 4 节比赛均在记录台对面的中线延长线掷球入界。当球触及场上队员时，比赛计时开始。

下半时两队应互换半场和球篮。

第10条　跳球和交替拥有

在第 1 节开始时，裁判员在中圈任何 2 名互为对方队员之间将球抛起，即 1 次跳球（图 8）。

图 8　跳球

　　跳球时，2 名跳球队员站在靠近本方球篮一侧中圈半圆内，非跳球队员要站在中圈外，直到球被跳球队员合法拍击。

　　球达到最高点后，应被至少 1 名跳球队员拍击。跳球队员不得双手抓住球。

　　队员不能违反规定影响跳球。若违反规定，罚则是将球判给对方掷球入界。如果双方队员违例或裁判员抛球失误，则重新跳球。

　　下列情况属于跳球情况，当：

　　（1）双方球队的 2 名或更多队员有一手或两手紧握在球上（争球）。

　　（2）球出界，但是 2 名裁判员无法判定谁是最后触及球的队员或意见不一致时；2 名互为对方的队员同时触球并使球出界。

　　（3）1 个活球停留在球篮支架上。

　　（4）在场上没有控制球队时，宣判了双方犯规。

　　（5）第 2、第 3、第 4 节的开始。

　　交替拥有是以掷球入界而不是以跳球来使球成为活球的一种方法。即在所有跳球情况中，双方球队应交替拥有从最靠近发生跳球情况的地点掷球入界，直接位于篮板后面的地点除外。

第 1 节开始跳球后，未在场上获得控制活球的球队，应拥有第 1 次交替拥有掷球入界权。

应用交替拥有箭头（图 9）指向对方球篮，来表明该球队拥有下一次交替拥有掷球入界的权利。

掷球入界时，球触及场上队员，交替拥有箭头方向立即反转。

图 9　交替拥有箭头

第 11 条　球的状态

球可以是活球或死球。球成活球，当：

（1）跳球中，球离开裁判员抛球的手时。

（2）罚球中，罚球队员可处理球时。

（3）掷球入界中，掷球入界队员可处理球时。

球成死球，当：

（1）任何中篮或罚球中篮时。

（2）活球中，裁判员鸣哨时。

（3）每节比赛结束，计时钟信号响时。

球不成死球，如中篮计得分，当：

（1）投篮的球在飞行中，并且：

① 裁判员鸣哨。

② 每节比赛结束，计时钟信号响时。

（2）进攻队员开始做投篮动作时，1 名防守队员对任何进攻队员犯规，投篮队员以连续运动完成发生犯规前已开始的投篮动作。

第 12 条　球中篮和它的得分值

当活球从上方进入球篮并停留在球篮内或穿过球篮是球中篮。1 次投篮中篮计 2 分（图 10），1 次罚球中篮计 1 分（图 11）。

图 10　投篮

图 11　罚球

球中篮后或最后一次罚球成功后，非得分队的任一队员持球在端线上或端线后任一地点掷球入界（5 秒之内）。

第 13 条　比赛结束、胜负得分

当比赛计时钟结束信号响时，表明比赛结束（图 12）。如果在第 4 节结束时比分相等，应保持该比分且不进行加时赛。

图 12　比赛结束

建议：对于以小组积分多少晋级或一场定胜负的淘汰赛，如果第 4 节比赛结束时比分相等，则由第 4 节比赛结束时两队在场上参赛的 5 名队员交替进行罚球，累计得分多者获胜。如果两队罚完球比分依然相等，则采用一对一罚球的方式，先领先 1 分的球队获胜。

确定罚球球篮和罚球顺序的方法：两队队长猜拳（或猜币）选择罚球球篮或罚球次序。如果一方先选择罚球球篮，则另一方可以选择先罚球或者后罚球；如果一方先选择了先罚球或者后罚球，则另一方可以选择罚球球篮（图 13）。

图 13　决胜罚球

第 14 条　替换

　　教练员应将本队的 12 名队员分成 2 组阵容，在比赛开始前报告给记录员。2 组阵容中每组 6 名队员（其中 5 名场上队员，1 名替补队员），分别参加第 1 节和第 2 节比赛。当半时结束时，教练员可重新调配 2 组阵容，分别参加第 3 节和第 4 节比赛。

　　由于队员受伤、取消比赛资格犯规或宣判队员个人 5 次犯规必须被替换下场，造成某一组场上队员不足 5 人时，则由对方教练员在本队的另一组阵容中挑选队员替补上场（图 14）。

图 14　替换

第 15 条　如何打球

　　球只能用手来打，并且可以向任何方向传球、投球和运球，但受本规则的限制。

　　带着球跑，故意脚踢球（图 15）或用拳击球（图 16）都是违例。但是，球偶然地接触腿的任何部位不是违例。

图 15　故意脚踢球　　　　　　图 16　拳击球

第 16 条　控制球

1 名队员控制球时：

（1）他持着 1 个活球。

（2）他运着 1 个活球。

当 1 名队员控制 1 个活球或球在同队队员之间传递时，是球队继续控制球。

第 17 条　队员正在做投篮动作

投篮动作（图 17）开始于当队员将球朝着对方球篮做向上的动作时。

裁判员通过以下条件判断投篮动作是否结束：

（1）当球离开投篮队员的手时，投篮动作结束。

（2）对于跳起在空中的投篮队员，只有双脚落回地面才表明投篮动作结束。

图 17　投篮动作

第 5 章　违例

第 18 条　违例的定义

违例是违犯规则。其罚则是将球判给对方队员从最靠近发生违例的地点掷球入界。

第 19 条　掷球入界

除了投篮得分或最后一次罚篮成功，由掷球入界的队员在裁判员指定的地点将球传入比赛场地内，即掷球入界。

裁判员必须将球递交、抛或反弹传给执行掷球入界的队员。

当掷球入界队员可处理球时，他要在 5 秒之内将球传给场上的另一名同队队员。

当掷球入界开始时，其他队员的身体任何部位不得越过界线，否则是违例。

第 20 条　队员和裁判员的位置

1 名队员的位置由他正接触的地面所确定。当他在空中时，与他最后触及的地面和线有关。

这同样适用于裁判员。

第 21 条　队员出界、球出界

队员出界是当他身体的任何部分触及界线上、界线上方或界线外的除队员以外的地面或任何物体。

球出界是当球触及界线上、界线上方或界线外的队员、地面或任何物体，包括篮板支架或篮板的背面（图 18）。

使球出界是 1 起违例，罚则是将球判给对方掷球入界。

图 18　界外球

第 22 条　旋转

　　旋转是 1 名持球的队员在场上合法地移动，用同一脚可以向任一方向踏出 1 次或多次，而另一脚（称为"中枢脚"）保持与场上某个点的接触（图 19）。

　　对在场上接住活球的队员用以下方法确立中枢脚：

　　（1）当队员双脚站在地面上时：一脚抬起的瞬间，另一脚成为中枢脚。

　　（2）当队员在移动中或结束运球时：如果双脚离地，则落地时，先落地的脚成为中枢脚；如果恰好有一脚正接触地面，那么下一次接触地面的那只脚或双脚被确立为第 1 步并用以确定中枢脚。

图 19　中枢脚

第 23 条　带球走

1 名队员可以向任何方向带球行进，但要受下列限制。

已确立中枢脚的队员带球行进：

（1）双脚站在地面上时：

① 开始运球，球离手前中枢脚不得抬起。

② 传球或投篮，队员可以跳起中枢脚，但球离手前，任一脚不得落回地面。

（2）移动或运球时：

① 开始运球，球离手前中枢脚不得抬起。

② 如果队员接球之后开始运球，在迈出第 2 步之前，球必须离开队员的手。

③ 传球或投篮，队员可跳起中枢脚并一脚或双脚同时落地。但一脚或双脚抬起后，在球离手之前，任一脚不得落回地面。

队员带球行进时，超出这些限制是带球走违例，罚则是将球判给对方掷球入界（图 20）。

图 20　带球走

第24条 运球

如果1名控制活球的队员想要带球行进，他可以运球，即一手向地面上拍球。

（1）队员不允许：

① 两手同时运球。

② 使球在手中停留后再继续运球。

（2）第1次运球结束后，再次运球是违例（图21）。

罚则：将球判给对方掷球入界。

（3）下列情况不被看作运球：

① 连续地投篮。

② 拍击另一队员控制的球，然后获得球。

图21　两次运球

第25条 3秒钟规则

某队在其前场控制活球并且比赛计时钟正在运行时，该队队员不得停留在对方限制区（图22）内超过持续3秒。

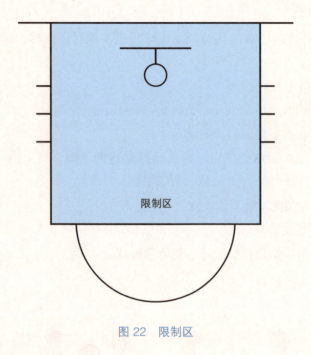

限制区

图 22　限制区

第 26 条　被严密防守的队员

1 名队员在场上持着 1 个活球，这时对方队员正处于积极防守姿势，距离他不超过 1 米，该持球队员是被严密防守的队员。

被严密防守的队员在 5 秒之内没有传、投或运球将被宣判 1 次违例，罚则是将球判给对方掷球入界。

第 27 条　球回后场

1 名队员在他的前场控制活球，不得使球非法地回到他的后场。这一限制对掷球入界也有效。

球被非法地回到后场，是指控制活球的队员在他的前场最后触及球，而后他或他的同队队员首先触及回到后场的球。

非法使球回后场是违例，罚则是将球判给对方在最靠近违例的地点掷球入界。

第 6 章 犯规

第 28 条 犯规的定义

犯规是对规则的违犯，含有与对方队员的非法身体接触和（或）违反体育运动精神的举止。

第 29 条 侵人犯规

侵人犯规是队员犯规，包括与对方队员的身体接触。

队员不应通过伸展其手、臂、肘、肩、髋、膝、脚或将身体弯曲成"不正常的姿势"去拉、阻挡、推、撞、绊对方队员，或阻止对方队员行进，也不应使用任何粗暴的战术（图 23、图 24）。

（1）如果攻守双方队员发生身体接触且造成了不公平的利益，违背规则意图，裁判员应宣判对该接触负有责任的队员侵人犯规，并将犯规登记在记录表上。

（2）如果对没有做投篮动作的队员发生犯规，将球判给非犯规的队掷球入界。

（3）如果对正做投篮动作的队员发生犯规，并且投篮不成功，判给投篮队员 2 次罚球。

（4）如果对正做投篮动作的队员发生犯规，并且投篮成功，则不判给罚球，由对方在端线掷球入界开始比赛。

图 23　侵人犯规（1）

图 24　侵人犯规（2）

第 30 条　违反体育运动精神的犯规

违反体育运动精神的犯规是 1 起个人犯规，即根据裁判员的判定，队员超出规则的精神和意图的范畴，不合法地试图直接抢球。

如果 1 名队员尽力地去抢球造成了过分的接触（严重的犯规），则这个接触也要被判为违反体育运动精神的犯规（图 25）。

当 1 名队员被判罚 2 次违反体育运动精神的犯规，或累计 1 次违反体育运动精神的犯规和 1 次技术犯规时，应该取消其本场剩余比赛的资格。

罚则：判给被违反体育运动精神的犯规的队员 2 次罚球，除非这名队员投篮并得分。随后由同一队在记录台对面的中线延长线掷球入界。

图 25　违反体育运动精神的犯规

第31条　取消比赛资格的犯规

　　任何恶劣的违反体育运动精神的行为都是取消比赛资格的犯规（图 26）。

　　罚则：判给对方 2 次罚球，随后由同一队在记录台对面的中线延长线掷球入界。

图 26　取消比赛资格的犯规

第 32 条 双方犯规

双方犯规是指 2 名互为对方的队员大约同时相互发生侵人犯规的情况（图 27）。

罚则：应给每一名犯规队员登记 1 次侵人犯规。如果发生双方犯规时任一队都没有控制球，则判罚 1 次跳球。

图 27　双方犯规

第7章　行为准则

第33条　技术犯规

在小篮球运动中，所有的队员要始终展示出最好的合作精神、体育运动精神及公平竞争意识。

任何故意的或一再不遵守本规则精神的行为，应被认为是1次技术犯规（图28）。这一行为应是非接触犯规。

裁判员可以尝试警告，甚至适当宽容不严重的技术性违犯，除非警告后重复出现类似的违犯。

1名队员被判罚2次技术犯规，或累计1次技术犯规和1次违反体育运动精神的犯规，将被自动取消比赛资格。

罚则：判给对方1次罚球，随后由同一队在记录台对面的中线延长线掷球入界。罚球队员由教练员指定。

图28　技术犯规

第8章　一般规定

第34条　队员5次犯规

当1名队员发生了5次犯规时，裁判员应通知其本人立即离开比赛。同时，这名队员必须被替补队员替换。

第35条　罚球

1次罚球是给予1名队员从罚球线后的半圆内的位置上，在无争抢的情况下得1分的机会（图29）。

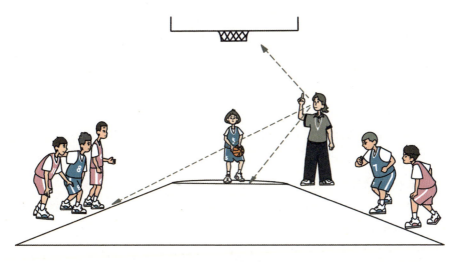

图29　罚球

裁判员递交球后，罚球队员应在5秒之内投篮出手。在球进入球篮或触及篮圈之前，这名队员不能触及罚球线及进入限制区。

当罚球队员尝试罚球时，最多可有 5 名其他队员占据分位区的位置：

（1）2 名防守队的队员可以占据 2 个接近球篮的位置。

（2）与罚球队员同队的 2 名队员可以占据接下来的 2 个位置。1 名防守队的队员可以占据下一个相邻的位置。

在分位区内的队员：

（1）不能占据他们无权占据的抢篮板球位置。

（2）在球离开罚球队员的手之前，不得进入限制区或离开位置。

所有没有在分位区站位的队员要位于罚球线延长线之后以及罚球半圆之外，直到球触及篮圈或明显的不会触及篮圈。

如果最后一次罚球没有触及篮圈，则将球判给对方在罚球线延长线处掷球入界。

罚球的球触及球篮之前，任一队员不能触及球。

违反这些规则是违例：

（1）如果罚球队员违例，且球中篮，则不计得分，并将球判给对方在罚球线延长线处掷球入界，除非有进一步的罚球需要执行。

（2）如果罚球成功，除了罚球队员之外的任何队员所有的违例将被忽略，并且投中计得分。

如果罚球没有成功并且判罚了违例：

（1）当最后一次罚球时，罚球队员的同队队员出现违例，则将球判给对方在罚球线延长线处掷球入界，除非有进一步的罚则需要执行。

（2）罚球队员的对方队员出现违例，则重新判给罚球队员 1 次罚球。

（3）在最后一次罚球中，双方队同时违例，则判罚 1 次跳球。

第9章　裁判员的职责和权力

第36条　裁判员和他们的助理

裁判员（图30）分为主裁判员和副裁判员。比赛时可以设记录员和计时员协助他们。

裁判员应根据规则来管理比赛。

2名裁判员有责任对犯规和违例进行宣判，确认或取消得分、罚球以及按照规则执行罚则。

裁判员有权利决定规则中没有明确涵盖的内容。

图 30　裁判员

第37条　记录员

应给记录员（图31）提供小篮球比赛记录表、队员个人犯规指示牌和交替拥有箭头。

（1）记录员的主要工作是填写记录表：

① 记录投篮和罚球累计得分。

② 把每名队员所有的犯规记录下来，举牌表明犯规次数。

（2）记录员负责操作交替拥有箭头。

图31　记录员

第38条　计时员

应给计时员（图32）提供1个比赛计时钟和1块秒表。

（1）计时员的工作有：

① 计量比赛时间和比赛休息时间 。

② 确保有非常响亮的信号以结束1节比赛。

（2）计时员应按下列所述计量比赛时间：

① 开动比赛计时钟，当：

a. 跳球中，球被跳球队员合法拍击时。

b. 掷界外球，球触及或被场上队员合法触及时。

c.最后一次罚球不成功，并且球是活球，球触及或被场上队员触及时。

②停止比赛计时钟，当：

a.1 节比赛时间终了时。

b.1 名裁判员鸣哨时。

图 32　计时员

第 2 部分

小·篮球四对四
比赛规则

第1条　球场

（1）正式比赛场地长15米、宽12米。如利用现有标准篮球场地举行比赛，需在该场地中线比赛一侧设宽2米的缓冲区（图33）。

（2）基层比赛可以使用长15米、宽14米的半个标准篮球场地。

（3）罚球线距离端线内沿4米。

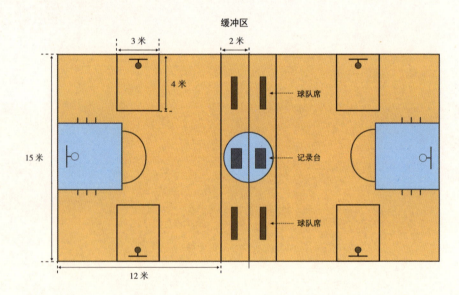

图33　小篮球四对四比赛场地尺寸图

第2条　球队

（1）每支球队应由6名队员组成（其中4名为场上队员，2名为替补队员）。

（2）比赛开始前，球队必须保证4名队员在场上。在比赛预定的开始时间5分钟后，仍不足4名队员到场的一队，按照弃权处理。

第3条 裁判团队

比赛应由 2 名临场裁判员以及计时员（或记录员）组成。

第4条 比赛的开始

（1）比赛自中场跳球开始。

（2）跳球后，未在场上获得控制球的球队，应优先获得第 1 次交替拥有球权。

（3）第 2 节比赛由拥有交替拥有球权的队在记录台对侧边线中点掷球入界开始。

（4）每队必须有 4 名队员在场上才能开始比赛。

① 每名队员每场比赛至少上场一整节（连续 6 分钟）的时间。

② 在比赛开始前，如果某队只有 4 名或 5 名队员到场，则对方教练员有权选派相同数量的本队队员出场参加比赛。

备注：第 4 条第（4）款仅适用于正式比赛（不强制适用于基层比赛）。

第5条 得分

（1）1 次投篮中篮计 2 分，1 次罚球中篮计 1 分。

（2）友爱规则：在比赛中，某队领先对方 20 分或 20 分以上，裁判员将宣布该队获胜，并保持比分。同时，比赛应继续，可以选择下列方法之一完成比赛。

① 比赛继续进行，违例、犯规宣判和替换照常，两队后续的得分不再累加。

② 两队互换球员继续完成比赛。

③ 继续比赛但改变分值，即增加落后球队或减少获胜球队每次投篮得分的分值（得分不计本场比赛比分）。

第 6 条　比赛时间 / 比赛胜者

（1）比赛时间分为 2 节，每节 6 分钟，在死球状态下和罚球期间应停止计时钟。对于基层比赛，如果没有正规的比赛计时钟，可采用每节 10 分钟、以比赛中不停计时钟的方式进行比赛。

（2）第 1 节比赛结束，两队互换半场和球篮。

（3）如果第 2 节比赛时间结束时比分相等，则由第 2 节比赛结束时两队在场上参赛的 4 名队员交替进行罚球，累计得分多者获胜。如果两队罚完球比分依然相等，则采用一对一罚球的方式，先领先 1 分的球队获胜。

确定罚球球篮和罚球顺序的方法同一般规则。

第 7 条　犯规 / 罚球

（1）对正在做投篮动作的队员犯规，应判给 2 次罚球。

（2）对正在做投篮动作的队员犯规，如果球中篮应计得分，不再追加罚球。

（3）当 1 名队员发生了 4 次犯规时，裁判员应通知其本人立即离开比赛，他必须被替补队员替换。

第 8 条　如何打球

（1）在每一次投篮中篮或最后一次罚球中篮后（除非某队拥有随后的球权）：非得分队的 1 名队员在端线外，将球传至场内队员继续进行比赛。

（2）发生跳球情况时，由拥有交替拥有球权的队在最靠近跳球情况发生的地点掷球入界。

（3）比赛没有球回后场违例限制。

第 9 条　拖延比赛

（1）球队或队员拖延或消极比赛（即不尝试得分），应判违例。

（2）如果不主动尝试进攻球篮，裁判员应以最后 5 秒倒计时报数的方式警告该队。

第 10 条　替换

当球成死球期间（比赛中投篮中篮除外），允许任意一队替换队员。

第 11 条　暂停

比赛中不允许暂停。

第 12 条　取消比赛资格

1 名队员累计 2 次违反体育运动精神的犯规或 2 次技术犯规，或累计 1 次违反体育运动精神的犯规和 1 次技术犯规，将被取消比赛资格。

本规则中未提及的所有情况，裁判员可依据中国篮球协会审定的最新版《篮球规则》执行。

第**3**部分

小·篮球半场三对三
比赛规则

第 1 条　球场

（1）小篮球半场三对三比赛场地长 15 米、宽 11 米（图 34）。

（2）使用标准小篮球场的半个比赛场地。

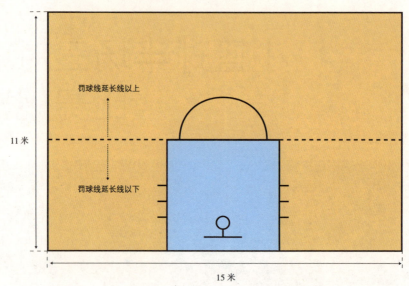

罚球线延长线以上

11 米

罚球线延长线以下

15 米

图 34　小篮球半场三对三比赛场地尺寸图

第 2 条　球队

（1）每支球队应由 4 名队员组成（其中 3 名为场上队员，1 名为替补队员）。

（2）比赛开始前，球队必须保证 3 名队员在场上。在比赛预定的开始时间 5 分钟后，仍不足 3 名队员到场的一队，按照弃权处理。

（3）比赛期间，教练员不可进入比赛场地，但可以在观众席进行指导。

第 3 条　裁判团队

比赛应由 2 名临场裁判员以及计时员（或记录员）组成。

第 4 条　比赛的开始

（1）比赛开始前，双方球队应同时进行热身。

（2）双方球队以掷硬币的方式决定第 1 次球权归属。获胜的一方可以选择拥有比赛开始时的球权或拥有可能进行的决胜期开始时的球权。

（3）每队必须有 3 名队员在场上才能开始比赛。

备注：第 4 条第（3）款仅适用于正式比赛（不强制适用于基层比赛）。

第 5 条　得分

（1）1 次投篮中篮计 1 分。

（2）1 次罚球中篮计 1 分。

第 6 条　比赛时间 / 比赛胜者

（1）常规比赛时间为 5 分钟，在死球状态下和罚球期间应停止计时钟。在双方完成 1 次交换球后，当进攻队员获得防守队员的传球时，应立即重新启动计时钟。

（2）如果在常规比赛时间结束之前，某队率先得到 11 分（也可根据年龄采用 7 分、9 分）或以上则获胜。

（3）如果常规比赛时间结束时比分相等，则进行决胜期比赛。在决胜期中率先取得 1 分的球队获胜。

第7条 犯规／罚球

（1）对正在做投篮动作的队员犯规，应判给1次罚球。

（2）对正在做投篮动作的队员犯规，如果球中篮应计得分，不再追加罚球。

（3）所有的技术犯规判给对方1次罚球以及随后的球权；所有的违反体育运动精神的犯规判给对方2次罚球以及随后的球权。执行技术犯规或违反体育运动精神的犯规产生的罚球之后，比赛将以互为对方队员之间在场地罚球线延长线以上交换球的方式继续进行。

第8条 如何打球

（1）在每一次投篮中篮或最后一次罚球中篮后（除非某队拥有随后的球权）：

非得分队的1名队员在场内球篮下方（而非端线以外），将球运或传至场地罚球线延长线以上的任意位置继续进行比赛。

此时，防守队不得在球篮下方的"限制区"内抢断球。

（2）在每一次投篮没有中篮或最后一次罚球没有中篮后（除非某队拥有随后的球权）：

①如果进攻队抢到篮板球，则可以继续投篮，不必将球转移至罚球线延长线以上。

②如果防守队抢到篮板球，则必须将球转移到罚球线延长线以上（通过运球或传球的方式）。

（3）如果防守队通过抢断或者封盖获得控制球，则必须将球转移至罚球线延长线以上（通过运球或传球的方式）。

（4）死球状态下给予任一队的球权，应以双方在罚球线延长线以上交换球开始，即1次罚球线延长线以上（防守队与进攻队队员之间）的传递球。

（5）当队员的任一脚都不在罚球线延长线以下，也没有踩踏罚球线及延长线，则被认为处于"罚球线延长线以上"。

（6）当发生跳球情况时，由之前场上的防守队获得球权。

第 9 条　拖延比赛

（1）球队或队员拖延或消极比赛（即不尝试得分），应判违例。

（2）如果不主动尝试进攻球篮，裁判员应以最后 5 秒倒计时报数的方式警告该队。

第 10 条　替换

（1）当球成死球并且双方完成交换球或执行罚球之前，允许任一队替换队员。

（2）替补队员在其队友离开场地并与之发生身体接触后，方可进入比赛场地。替换只能在球篮对侧的中线外进行，且无须临场裁判员或记录台人员发出信号。

第 11 条　暂停

比赛中不允许暂停。

第 12 条　取消比赛资格

队员累计 2 次违反体育运动精神的犯规或 2 次技术犯规，或累计 1 次违反体育运动精神的犯规和 1 次技术犯规，将被取消比赛资格。

本规则中未提及的所有情况，裁判员可依据中国篮球协会审定的最新版《篮球规则》执行。

第 **4** 部分

小·篮球人盯人防守
实施规范

第1条　总则

（1）为统一我国小篮球比赛中人盯人防守战术的技术要求，改善小篮球比赛中防守存在的问题，培养小篮球队员具有出色的攻防能力和攻防意识，保证小篮球运动健康、稳定、持续发展，特制定本规范。

（2）本规范适用于小篮球比赛中人盯人防守战术的判断、使用和罚则，以及对防守督导、裁判员、教练员的要求和规定等。

（3）小篮球比赛中人盯人防守战术的判断、使用和罚则，除应符合《小篮球人盯人防守实施规范》外，还应符合中国篮球协会审定的最新版《小篮球规则》和《篮球规则》中的相关规定。

第2条　术语

1. 小篮球运动

相对成人篮球运动而言，小篮球运动是指缩小成人篮球尺寸，降低篮筐高度，简化规则，以适应12周岁及以下的少年儿童身心年龄特征的篮球运动。

2. 人盯人防守

在小篮球比赛中，人盯人防守是在每名防守队员分别防守1名进攻队员的基础上相互协作的一种全队防守战术（图35）。

3. 盯人防守区域

在小篮球五对五的比赛中，3分线（位置参见附录C）外1米范围开始为盯人防守区域；四对四的比赛全场均为盯人防守区域。任何紧逼防守时（全场，3/4场，半场），都符合盯人的规范。

4. 积极防守

防守时，防守队员与进攻队员之间不超过一臂距离，并处于合法的防守位置（图36）。

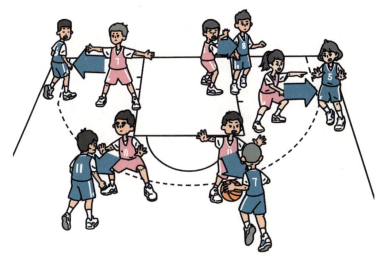

图 35　人盯人防守

图 36　积极防守

5. 换防

当进攻队员进行掩护时，防守队员之间及时地交换自己所防守的对手。

第 3 条　基本规定

（1）人盯人防守是小篮球比赛中唯一的防守战术形式。

（2）人盯人防守时，所有的防守队员应明确在盯人区域内对各自的防守队员的责任和要求。

（3）防守督导和裁判员能够通过防守队员的行为举止（眼神、语言、手势、跟随动作等），甄别防守队员是否采用人盯人防守。

（4）教练员、裁判员、队员以及小篮球组织管理的相关人员应严格执行人盯人防守技术规范。

第 4 条　防守队员

1. 一般规定

（1）提倡"积极防守"的主导思想，培养积极主动的防守意识和勇于拼搏的防守作风，克服重攻轻守的思想。

（2）防守技术由脚步动作、手臂动作结合对手与篮球、篮筐的位置、距离等因素构成。

（3）防守队员要积极抢占合理位置，运用正确的防守姿势、合理的脚步动作和灵活的手部动作，干扰对方的进攻行为，力争获得控球权。

（4）防守队员主要包括防守无球队员和防守有球队员。

2. 防守有球队员

（1）防守队员对持球队员的盯人防守必须是明确和积极的。

（2）当持球队员进入盯人防守区域后，防守队员要紧逼对手，防守位置要在球和本方篮筐之间，距离持球队员不得超过 1.5 米（图 37）。

图 37　防守持球队员

（3）允许对持球队员进行夹击，夹击者必须是就近的防守队员。如果被夹击的持球队员将球传出，防守队员应即刻恢复人盯人防守（图 38）。

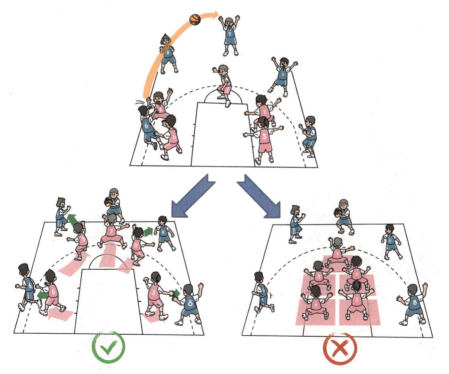

图 38　从对持球队员进行夹击转换为人盯人防守

（4）持球队员运用掩护、挡拆，和（或）防守队员采用夹击、补防等之后，允许防守队员之间进行交换防守，换人后应即刻恢复人盯人防守（图39）。

图39　交换防守

（5）罚则：对违反上述规定，裁判员应在第1次比赛计时钟停止时，对防守球队的教练员提出警告；第2次以及随后，裁判员均应判教练员技术犯规，登记在教练员名下。

3. 防守无球队员

（1）当防守的无球队员变换位置时，防守队员应跟随防守对手一起移动，做到人球兼顾。

（2）防守无球队员时，除进攻队员之间运用掩护外，防守队员之间一律不准使用换防。

（3）不准对无球进攻队员使用夹击（图40）。

图40　不准对无球进攻队员使用夹击

（4）防守无球队员时，为了保护篮下，可以帮助有球侧的防守队员协防突破后的进攻队员，也可协防朝向球篮空切的无球进攻队员。更换防守位置、轮转换位或协防之后，防守队员应即刻恢复人盯人防守。

（5）罚则：对违反上述规定，裁判员应在第1次比赛计时钟停止时，对违反规定球队的教练员和队员提出警告；第2次以及随后，裁判员均应判教练员技术犯规，登记在教练员名下。

4. 防守3秒

（1）定义：防守队员未去积极防守任一特定的进攻队员时，不得在限制区内停留超过持续的3秒（图41）。

图 41　防守 3 秒

（2）计时：对于五对五的比赛，计时始于进攻球队在前场控制球时；对于四对四的比赛，计时始于进攻队在场上开始控制活球时。

（3）罚则：防守队员违反防守3秒规定时，判罚该队员技术犯规，并作为队员的犯规登记在该队员名下。

第5条　防守督导

1. 一般规定

（1）为了加快教练员、队员对人盯人防守的理解，使比赛按照既定的人盯人防守的统一规范顺利贯彻和执行，提升小篮球运动的比赛质量，推进小篮球运动的快速发展，设立防守督导岗位。

（2）防守督导主要负责督导人盯人防守在比赛中的执行情况，使比赛进行得更加流畅，而不是以判罚为主要目的。如有必要，防守督导可在节间和中场休息时间与教练员、裁判员进行交流。

2. 防守督导的职责

（1）对违反规定的防守队，防守督导应及时举起黄旗（图42）指向该队的球队席，并确认该队的教练员、队员以及裁判员能够清晰看到，并

图42　防守督导举黄旗提示

及时采取相应举措；如该队仍未改变防守形式，防守督导应及时举起红旗，在随后第1次比赛计时钟停止时即刻通知裁判员。主裁判员将双方的教练员召集到记录台前，由防守督导进行相关说明，由主裁判员对违规球队的教练员进行警告。

（2）对于同一球队发生第2次的违规行为，防守督导应及时举起红旗，在随后第1次比赛计时钟停止时即刻通知裁判员，主裁判员将双方的教练员召集到记录台，由防守督导进行相关说明。

（3）记录双方球队教练员违反规定的次数。

3. 位置与器材

（1）位置：防守督导应坐在记录台一侧、视野开阔、能够监管全场比赛的地方。比赛前，双方球队的教练员和队员，以及裁判员应明确知道防守督导所在的位置。

（2）器材：2面旗子，分别是1面用于提示的黄色旗子和1面用于警告的红色旗子。旗子尺寸大小均为25厘米×30厘米。

4. 提示

对于那些确实因为队员的体力或是技术上的不足而非故意导致的违规行为，防守督导要仔细观察后再做出判断。

第6条　裁判员

1. 一般规定

（1）裁判员要掌握一般篮球规则的判罚、精通小篮球规则和裁判法、熟知小篮球运动规律和特点。

（2）裁判员要严格按照《小篮球人盯人防守实施规范》的要求执裁，并协助在比赛中落实这一规范。

（3）裁判员应与防守督导密切配合，确保比赛顺利、流畅地进行。

2. 裁判员的职责

（1）裁判员应及时与防守督导通过语言、眼神等进行沟通。

（2）当防守督导举起黄旗，主裁判员应在随后第 1 次比赛计时钟停止时，将双方教练员召集到记录台前，由防守督导进行相关说明，由主裁判员警告违规球队的教练员 1 次。如需要教练员向队员说明情况，应将场上队员召集到记录台前进行说明，然后尽快恢复比赛。

（3）当防守督导举起红旗，主裁判员应在随后第 1 次比赛计时钟停止时，将双方教练员召集到记录台前，由防守督导进行相关说明，由主裁判员宣判违规球队教练员的技术犯规（图 43）。

图 43　防守督导举红旗判罚

（4）当场上防守队员出现防守 3 秒违例时，由裁判员负责宣判。

3. 提示

（1）如防守督导的红旗警告与某队的暂停请求在同一时刻，则先由防守督导说明情况之后，裁判员再宣告暂停开始。

（2）要明确判罚不是目的，裁判员执裁是为了更好地推广《小篮球人盯人防守实施规范》，推动小篮球运动的开展和普及。如在判罚防守 3 秒时，可以采取口头提示的方法，避免违反规范的发生，在防守球队确实获得利益的情况下再进行判罚。

第 7 条　教练员

1. 一般规定

（1）教练员应协助中国篮协推广和普及全国统一的人盯人防守技术规范和要求，帮助小篮球队员养成良好的人盯人防守习惯，促进小篮球队员攻防综合能力的提升。

（2）掌握小篮球运动的攻防规律和特征，提高人盯人防守战术教学训练的实效性和针对性。

（3）注重小篮球队员防守技术、基本功和防守配合的传授。

2. 教练员的职责

（1）教练员应积极配合防守督导、裁判员以及其他工作人员的工作。

（2）教练员应接受防守督导、裁判员的警告和判罚。如对人盯人防守判罚有歧义，教练员应在节间、中场休息时，有礼貌地与防守督导、裁判员进行沟通。如沟通未果，教练员应在比赛后向大赛组委会进行书面申诉，并提供有效证据。

3. 提示

（1）教练员的执教方式和理念会影响小篮球队员未来的发展。尽管区域联防是篮球比赛中常见的防守战术组织形式，但是在小篮球教学训练阶段，贯彻落实人盯人防守是提高小篮球队员攻防能力的最佳手段。

（2）教练员应严格遵守人盯人防守技术规范，按照技术规范的要求指导教学、训练和比赛，不要试图挑战人盯人防守规则而获得最后的胜利，而要认真地向小篮球队员传授人盯人防守规则和规范，使其养成规则意识，提高攻防能力。

（3）铭记：队员们在规则范围内的参与、进步和成长，比不惜一切代价获得胜利更重要。

附录

附录 A　记录表

对记录员的指导

1. 比赛开始前（使用正楷填写表格）

（1）参赛球队名称。

（2）比赛名称，比赛编号；比赛的日期、时间、地点。

（3）裁判员姓名。

（4）按数字顺序填写队员的姓名和对应上衣号码。

（5）教练员姓名。

2. 比赛中

（1）每节比赛开始时，在每队的上场队员栏中用"×"表示上场的 5 名队员。

（2）有 4 个累计得分栏：2 列属于 A 队，2 列属于 B 队。记录每一队员的个人得分画 1 条斜线"/"为有效投篮得分，用涂满的圆圈"●"将任何有效的罚球得分记入累计得分栏。

（3）在旁边的空格内，登记得分队员的号码。

（4）每节比赛结束，在每队最后的得分上画 1 个圆圈，并用尺子在得分下直接画 1 条横线。

（5）将每节得分登入指定的区域内。

（6）如果判罚侵人犯规，在队员号码右侧的指定犯规格子内登记"P"。

（7）如果判罚违反体育运动精神的犯规登记"U"。

（8）如果判罚取消比赛资格的犯规登记"D"。

（9）如果判罚队员技术犯规登记"T"；如果判罚教练员技术犯规登记"B"或"C"。

（10）包含罚球的任何犯规，应在"P""U""D""T""B"或"C"的旁边加上相应的罚球次数（1、2……）来表示。

3. 比赛结束后

（1）填入两队最后比分和胜队名称。

（2）按照记录员、计时员、副裁判员、主裁判员的顺序签字。

小篮球比赛记录表

小篮球 大梦想

比赛队	比赛名称	比赛裁判员
A队 _____ B队 _____	比赛编号 _____ 日期 _____ 时间 _____ 地点 _____	主裁判员 _____ 副裁判员 _____

A 队 _____

颜色 _____   暂停   上半时 □
下半时 □

上场队员				队员姓名	号码	犯规次数				
1	2	3	4			1	2	3	4	5

教练员
助理教练员

B 队 _____

颜色 _____   暂停   上半时 □
下半时 □

上场队员				队员姓名	号码	犯规次数				
1	2	3	4			1	2	3	4	5

教练员
助理教练员

A	B	A	B
1	1	41	41
2	2	42	42
3	3	43	43
4	4	44	44
5	5	45	45
6	6	46	46
7	7	47	47
8	8	48	48
9	9	49	49
10	10	50	50
11	11	51	51
12	12	52	52
13	13	53	53
14	14	54	54
15	15	55	55
16	16	56	56
17	17	57	57
18	18	58	58
19	19	59	59
20	20	60	60
21	21	61	61
22	22	62	62
23	23	63	63
24	24	64	64
25	25	65	65
26	26	66	66
27	27	67	67
28	28	68	68
29	29	69	69
30	30	70	70
31	31	71	71
32	32	72	72
33	33	73	73
34	34	74	74
35	35	75	75
36	36	76	76
37	37	77	77
38	38	78	78
39	39	79	79
40	40	80	80

如何完成记录表

1. 书写队员姓名和对应上衣号码。

2. 在每节比赛开始队员进入场地进行比赛后，在正确空格中登记"X"。

3. 侵人犯规登记"P"，违反体育运动精神的犯规登记"U"，取消比赛资格的犯规登记"D"，队员技术犯规登记"T"，教练员技术犯规登记"B"或"C"。

4. 包含罚球的任何犯规，应在"P""U""D""T""B"或"C"的旁边加上相应的罚球次数（1、2……）来表示。

5. 累计比分的4个得分栏：2列属于A队，2列属于B队。得分记录方法如下：首先，投篮得分用"/"、罚球得分用"●"记录；其次，将队员号码书写在标识"/""●"旁边相应的空白区。

6. 每节比赛或决胜罚球结束后，在表格提供的对应位置记录本节得分或决胜罚球得分；整场比赛结束后，记录两队最后比分和胜队名称。

7. 在记录表上签字确认并加签其他记录台工作人员。

得 分	最后比分	签 字
第 1 节 A _____ B _____ 第 2 节 A _____ B _____ 第 3 节 A _____ B _____ 第 4 节 A _____ B _____ 决胜罚球 A _____ B _____	A _____ B _____ **胜　队**	记录员 _____ 计时员 _____ 副裁判员 _____ 主裁判员 _____

小篮球四对四比赛记录表

小篮球 大大梦想

比赛队	比赛名称	比赛裁判员
A队 _____	比赛编号 _____ 日期 _____ 时间 _____ 地点 _____	主裁判员 _____ 副裁判员 _____
B队 _____		

A 队 _____
颜色 _____

上场队员		队员姓名	犯规次数				
1	2	号码	1	2	3	4	
教练员							
助理教练员							

B 队 _____
颜色 _____

上场队员		队员姓名	犯规次数				
1	2	号码	1	2	3	4	
教练员							
助理教练员							

A	B	A	B
1	1	29	29
2	2	30	30
3	3	31	31
4	4	32	32
5	5	33	33
6	6	34	34
7	7	35	35
8	8	36	36
9	9	37	37
10	10	38	38
11	11	39	39
12	12	40	40
13	13	41	41
14	14	42	42
15	15	43	43
16	16	44	44
17	17	45	45
18	18	46	46
19	19	47	47
20	20	48	48
21	21	49	49
22	22	50	50
23	23	51	51
24	24	52	52
25	25	53	53
26	26	54	54
27	27	55	55
28	28	56	56

如何完成记录表

1. 书写队员姓名和对应上衣号码。
2. 在每节比赛开始队员进入场地进行比赛后，在正确空格中登记"X"。
3. 侵人犯规登记"P"，违反体育运动精神的犯规登记"U"，取消比赛资格的犯规登记"D"，队员技术犯规登记"T"，教练员技术犯规登记"B"或"C"。
4. 包含罚球的任何犯规，应在"P""U""D""T""B"或"C"的旁边加上相应的罚球次数（1、2······）来表示。
5. 累计比分的4个得分栏：2列属于A队，2列属于B队。得分记录方法如下：首先，投篮得分用"/"、罚球得分用"●"记录；其次，将队员号码书写在标识"/"、●旁边相应的空白区。
6. 每节比赛或决胜罚球结束后，在表格提供的对应位置记录本节得分或决胜罚球得分；整场比赛结束后，记录两队最后比分和胜队名称。
7. 在记录表上签字确认并加签其他记录台工作人员。

得 分	最后比分	签 字
第 1 节 A ____ B ____	A _____ B _____	记录员 _____ 计时员 _____
第 2 节 A ____ B ____	**胜 队**	副裁判员 _____
决胜罚球 A ____ B ____		主裁判员 _____

附录 B　裁判员手势图

1 指 1 分, 2 指
2 分, 从腕部挥动

| 1、2 分球 |

体前交叉挥动双臂

| 取消得分 |

示意掌心,
手指并拢

| 停止比赛计时钟 |

转动双拳

| 带球走 |

轻拍手势

| 两次运球 |

侧向示意三指

| 3 秒违例 |

示意五指

| 5 秒违例 |

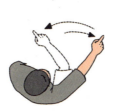

（来回）伸展手指

| 球回后场违例 |

手指脚部

| 故意脚踢球 |

双手拇指上举

| 跳球情况 |

紧握拳上举

| 侵人犯规 |

示意队员号码

| 指出犯规队员号码 |

示意犯规，模仿推

| 推人 |

示意犯规,
击打手腕

| 非法用手 |

示意犯规,
抓住手腕

| 拉人 |

双手置于髋关节上	紧握拳击打手掌心	挥动紧握的双拳	两手掌成T字形	抓住手腕
阻挡	带球撞人	双方犯规	技术犯规	违反体育运动精神的犯规

双拳上举	手指并拢	示意食指	手掌和手指成T字形	双臂交叉
取消比赛资格的犯规	2次罚球	1次罚球	暂停	替换

附录 C　成人篮球比赛场地套画小篮球场地尺寸图

小篮球场地罚球线

小篮球场地罚球线画法：罚球线外沿
距离成人场地罚球线外沿 0.60 米。

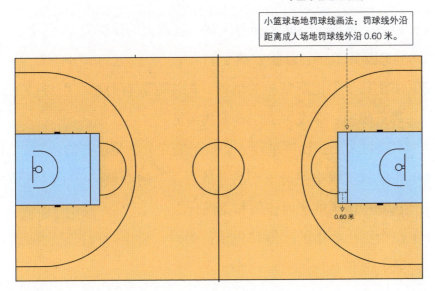

0.60 米

小篮球裁判员执裁理念

（1）执裁一场孩子们的比赛与执裁一场成人的比赛完全不同。

（2）合理运用规则，保护好孩子们。

（3）注重孩子们比赛精神的培养，把控好教育时机，引导孩子们尊重规则、尊重对手、尊重裁判员。

（4）不要过多干扰比赛进程，让孩子们充分享受比赛的乐趣。

（5）在执裁过程中保持乐于引导的态度，耐心地向孩子们解释在比赛中出现的任何违例和犯规行为。

（6）在指明比赛中的违例和犯规行为时，要保持判罚尺度前后一致，公正客观。

（7）在执裁过程中始终保持积极和令人愉快的态度，使用恰当的语言。

（8）与教练员保持良好的沟通，彬彬有礼，共同为孩子们树立榜样。

（9）在任何情况下都要确保比赛的公平、公正。

（10）引导孩子们执行赛前、赛后礼仪。